Papyrusinstitut Heidelberg

Schrift 5

Das Verhältnis der griechischen und ägyptischen Texte

in den zweisprachigen Dekreten von Rosette und Kanopus

von

Wilhelm Spiegelberg

Berlin und Leipzig 1922

Vereinigung wissenschaftlicher Verleger

Walter de Gruyter & Co.

vormals G. J. Göschen'sche Verlagshandlung — J. Guttentag, Verlagsbuchhandlung — Georg Reimer — Karl J. Trübner — Veit & Comp.

Druck: Hermann Böhlaus Nachfolger, Hof-Buchdruckerei in Weimar.

In seiner bewunderungswürdigen Arbeit über den Stein von Rosette[1]), der den Schlüssel zur Entzifferung der Hieroglyphen geliefert hat, hatte Letronne die Frage nach dem Verhältnis des griechischen und ägyptischen Textes dahin entschieden, daß der Grundtext der griechische sei. Es stellt seinem Scharfsinn ein glänzendes Zeugnis aus, daß er, wie ich in dieser Abhandlung zeigen werde, in der Hauptsache das Richtige gesehen hat, obwohl er seine Beweise fast ausschließlich dem griechischen Texte entnommen hat. Denn die ägyptischen Fassungen — der damals (1842) nur ganz lückenhaft vorhandene und sprachlich schwer verständliche hieroglyphische und der zu jener Zeit so gut wie unübersetzbare demotische Text — konnten ihm keine Hilfe bringen. Und doch sind sie die besten Wegweiser in der schwierigen Frage, die eigentlich erst an ihrer Hand sicher gelöst werden kann. Das ist inzwischen fast gleichzeitig und unabhängig voneinander von zwei deutschen Ägyptologen geschehen, von Kurt Sethe[2]) und W. Max Müller.[3]) Der erstere hat seine Ansicht (a. a. O. S. 299) so formuliert:

„Macht man sich einmal die Umstände klar, unter denen ein solcher Beschluß der ägyptischen Priester, wie ihn unser Dekret enthält, entstanden sein wird, so ist es a priori doch wohl das Wahrscheinlichste, daß die Priester, die des Griechischen nur zum Teil mächtig gewesen sein werden, ihn zunächst in

[1]) Recueil des inscriptions grecques et latines de l'Égypte I Nr. 25 S. 241—332.

[2]) Zur Geschichte und Erklärung der Rosettana in den Nachrichten der Ges. d. Wissenschaften, Göttingen 1916, S. 275ff., im folgenden kurz als „Nachr." zitiert.

[3]) Egyptological Researches III The Bilingual Decrees of Philae Washington 1920 (nach dem Tode des Verfassers in Druck gegeben).

der lebenden ägyptischen Sprache, also dem Demotischen, abgefaßt haben werden. Dieser authentische, in der Versammlung festgesetzte Beschluß wird dann der griechischen Behörde zur Genehmigung unterbreitet worden sein, wozu voraussichtlich eine griechische Übersetzung eingereicht werden mußte. Diese wird dann unter Umständen manche Abänderungen erfahren haben, und so konnte es sehr wohl dahin kommen, daß die so abgeänderten Stücke dann ihrerseits wieder in das Demotische übersetzt werden mußten. Der hieroglyphische Text wird dann nach endgültiger Feststellung des Wortlautes von besonders gelehrten Priestern ins Altägyptische bzw. die Hieroglyphen übertragen worden sein. Diese Übertragung ist vielfach ziemlich frei."

Sethe hat diese seine Ansicht im einzelnen näher begründet, während W. Max Müller (a. a. O. S. 4) nur das Ergebnis seiner Untersuchungen kurz mitgeteilt hat, deren Veröffentlichung vielleicht durch seinen Tod verhindert worden ist. Er hat sich über die Streitfrage so ausgesprochen:

„The question of the original language of all those priestly decrees is now rather plain. The priests, of course, discussed their resolutions and probably sketched them in their native language. It is certain that the first form in which the resolutions went into writing was in demotic script; the hieroglyphic style was to much confined to the most learned and not practical enough for a protocol of this kind. The official form, however, finally was in Greek. After this form, authorized by communication to the Royal Government, the final Egyptian versions, such as we have them, were translated rather literally. Small additions occur for the sake of loyalty or clearness; they are of greater importance where the Greek redaction had not done full justice to matters of too special Egyptian character, e. g., in the description of the hieroglyphic symbols decorating the portable shrine of the king, which had merely been summarily touched by the Greek version (Rosetta, lines 43 to 44). There the Egyptian translations went back to the original (demotic) minutes of the priest.[1])

[1]) Not copying them, however word for word. The description is neither quite exhaustive nor clear in the demotic version on stone.

Elsewhere, these minutes scarcely exercise any influence. The demotic version of the official Greek form preceded the hieroglyphic; the latter often leans more on the demotic than on the Greek text. These principles I consider now as settled, especially for the Rosetta and Philae decree.[1])"

Die von mir unternommene, jetzt abgeschlossene Neuausgabe der demotischen Dekrete von Memphis (Rosettana) und Kanopus hat mich zu einer erneuten Prüfung des ganzen Problems geführt, und ich möchte hier das Ergebnis vorlegen, obwohl es sich in der Hauptsache mit demjenigen meiner Vorgänger deckt. Aber meine Wege sind vielfach andere gewesen und in Einzelheiten muß ich auch gegen Sethes Beweisgründe hier und da Widerspruch erheben, vor allem, um das gleich vorwegzunehmen, darin, daß ich bei der Rosettana nirgends eine sprachliche Beeinflussung des griechischen Textes durch den demotischen zugeben kann. Für das Dekret von Kanopus habe ich keine Vorarbeiten zur Verfügung gehabt, da Revillouts von mir am Schluß bekämpfte Ansicht ohne jede nähere Begründung vorlag.

Ich will zunächst die Rosettana untersuchen, und zwar so, daß ich einmal diejenigen Momente heraushebe, aus denen man schließen kann oder muß, daß das Dekret in seinem ersten Entwurf ägyptisch war. Dann will ich das vorbringen, was dafür spricht, daß der Grundtext griechisch war, und zum Schluß erörtern, wie sich diese scheinbar widerspruchsvollen Feststellungen miteinander vereinigen lassen.

Bei der Ermittlung der ursprünglich ägyptischen Faktoren muß man von der sicher aus dem Ägyptischen in das Griechische übersetzten Königstitulatur absehen, die eine besondere Stellung einnimmt. Denn diese schon für die Zeit des Philopator[2]) nach-

[1]) Thus the remarks by Mahaffy (Empire of the Ptolemies, 302) on the succession of the versions, are to be corrected. The plan of all those decrees is, of course, very un-Greek, betraying somewhat the first conception in the old Egyptian style, but their Greek wording is excellent, at least for the contemporaries. The demotic text, on the other hand, struggles too desperately and is often too un-Egyptian to be literally the original version of the final official edition.

[2]) Siehe dazu Wilcken: Grundzüge der Papyruskunde I 2. Hälfte, Chrest. Nr. 109 mit Kommentar.

weisbaren Titulaturen wurden gewiß gleich nach der Thronbesteigung angefertigt. Wenn also eine Königstitulatur, wie es für die Rosettana der Fall ist[1]), als ursprünglich ägyptisch zu erweisen ist, so besagt das nichts für den folgenden eigentlichen Text, der nicht wie die Titulatur schon in der Kanzlei fertig vorlag, sondern erst neu entworfen werden mußte. Daher muß sich unsere Betrachtung auf das eigentliche Dekret beschränken und ausschließlich in ihm die ägyptischen Elemente zu ermitteln suchen. Da läßt sich denn folgendes feststellen:

1. Original ägyptisch sind, wie Müller und Sethe schon hervorgehoben haben, die Beschreibungen der spezifisch ägyptischen Ehrungen, so die Aufstellung der Statue des Königs (Urk. II 189)[2]) und die Beschreibung seines Holzbildes in dem Schrein (a. a. O. 191). Das ist besonders klar bei der Schilderung des symbolischen Kronenaufsatzes auf dem Kapellenschrein (gr. 45: dem. 26), wo in dem griechischen Texte so viele Einzelheiten fehlen, daß das Ganze ohne den ausführlicheren ägyptischen Text gar nicht zu verstehen wäre.

2. Einen ägyptischen Grundtext setzt, wie bereits Sethe (Nachr. 310) ausgeführt hat, der Name der Statue des Ptolemaios Epiphanes (Urk. II 189) voraus. Schon der Brauch, einer Königsstatue einen besonderen Namen zu geben, ist ägyptisch.[3]) Der griechische Text lautet (Z. 39): *ἣ προσονομασθήσεται Πτολεμαίου τοῦ ἐπαμύναντος τῇ Αἰγύπτῳ.* Dazu bringt der ägyptische Text in beiden Fassungen einen sehr bemerkenswerten Zusatz. Er gibt zunächst den Namen der Statue in der alten klassischen Sprache nḏ Bꜣk·t „der Ägypten schützt". Der poetische Name Bꜣḳ·t existierte in der damaligen lebenden Sprache ebensowenig wie das Verbum nḏ „schützen". Dafür sagte man Km·t „Ägypten" und nḫtj „schützen"[4]),

[1]) Das ist nie bezweifelt worden. Vgl. Wilcken: Archiv f. Papyrusf. I S. 480 ff.

[2]) Ich zitiere nach Sethes meisterhafter Ausgabe in den „Urkunden des ägyptischen Altertums" II, wo die drei Versionen nebeneinandergestellt sind.

[3]) Z. B. Mariette: Karnak 33 „diese Statue, welche — Thutmosis IV, der die Neunbogenvölker bezwingt — heißt" oder Sharpe: H. inscr. II 39 (Amenophis III), Morgan: Catalogue I 63 (Amenophis III), Legrain: Répert. onomast. S. 71 Nr. 119, a. a. O. Nr. 132 (Thutmosis III).

[4]) Das Verbum nḫtj „schützen" ist im demotischen Pap. Ins. 28^3

beides Wörter, die sich noch im Koptischen (Kême „Ägypten", naschte „Schutz")[1]) erhalten haben, das ja der Volkssprache jener Zeit entspricht. Die Übertragung der alten Wörter in die modernen hat nun der demotische Text so formuliert „und man soll sie (die Statue) Ptolemaios, Schirmer von Bꜣk·t nennen, dessen Übersetzung ist: Ptolemaios, der Ägypten schützte". Seltsamerweise ist dieser nur in dem die lebendige Volkssprache redenden demotischen Text verständliche Zusatz mit etwas anderen Worten auch in die hieroglyphische Version übernommen, also in jene archaisierende Kunstsprache, wo er ganz sinnlos ist. Das lehrt, bis zu welchem Grade der hieroglyphische Text gelegentlich von dem demotischen abhängig ist. Die griechische Lesart hat die Stelle mit Recht weggelassen, da ja den Griechen eine solche innerägyptische Spracheinheit kaum interessierte, wenn auch der eine oder andere griechische Leser, wie Manethos Erklärung[2]) des Hyksosnamens zeigt, den Unterschied zwischen der *ἱερὰ γλῶσσα* (= klassische Sprache der Hieroglyphentexte) und der *κοινὴ διάλεκτος* (Volkssprache der demotischen Texte) verstanden haben würde.

Aus dem Vorstehenden ergibt sich ganz klar die Ursprünglichkeit des ägyptischen Entwurfes, soweit der Inhalt in Frage steht. Anders steht es mit dem ägyptischen Wortlaut, der, abgesehen von dem der oben charakterisierten Königstitulatur, nir-

II Kh. 5^{31}, Mag. Pap. Nr. 474 u. s. belegt und auch in dem hieroglyphischen Texte verwendet worden. Das Koptische kennt es nur in substantivischer Bedeutung. Sethes Auffassung (Nachr. 310) halte ich nicht für richtig, da sich die Partizipialform von ʾ-ʾr stets mit einem Verbum verbindet. Vgl. die von Sethe (Nachr. Ges. Wiss. Göttingen 1919 S. 150—151) gegebenen Beispiele. Davon sind aber die ersten (S. 150) zu trennen. In Ros. 6 ist, wie oben gesagt, nḫtj Verbum, und in Ros. 11. 15 r ẖ pꜣ ʾr Dḥwtj „wie das, was Thot getan hat", ist das Subjekt von ʾr (statt ʾ-ʾr) von dem Beziehungswort verschieden.

1) Das Koptische kennt den Infinitiv nur in der substantivischen Bedeutung.

2) Contra Apionem I § 82: *ἐκαλεῖτο δὲ τὸ σύμπαν αὐτῶν ἔθνος Ὑκσώς, τοῦτο δέ ἐστιν βασιλεῖς ποιμένες· τὸ γὰρ υκ καθ' ἱερὰν γλῶσσαν βασιλέα σημαίνει, τὸ δὲ σως ποιμήν ἐστι καὶ ποιμένες κατὰ τὴν κοινὴν διάλεκτον, καὶ οὕτως συντιθέμενον γίνεται Ὑκσώς.* Vgl. dazu Steindorff: Zur Geschichte der Hyksos in der Festschrift zum deutschen Historikertag 1894.

gends auf den griechischen Text abgefärbt hat. Denn Sethes abweichende Ansicht (Nachr. 303) vermag ich nicht zu teilen. Er sieht in dem griechischen πρὸς τὴν πανήγυριν τῆς παραλήψεως τῆς βασιλείας τῆς Πτολεμαίου . . . . . ἣν παρέλαβεν παρὰ τοῦ πατρὸς αὐτοῦ (Urk. II 172^{7-8} = griech. 7—8) „eine unbeholfene Übersetzung" des demotischen „an dem Feste des Empfangens der Herrscherwürde, das Ptolemaios . . . that aus der Hand seines Vaters" (für „an dem Feste, an dem Ptol. die Herrscherwürde aus d. H. s. V. empfing"). Aber die griechische Lesart ist keine genaue Nachbildung der demotischen, die doch statt παρέλαβεν ein ἐποίησεν verlangt, und sie zeigt gerade in der Verwendung des zu παράληψις gehörigen Verbums παραλαμβάνειν, daß die bekannte echt griechische Konstruktion[1]) vorliegt.

Der zweite von Sethe (Nachr. 309) angeführte Fall einer griechischen Übersetzung ist der Satz „Urk. II 187^{2-3}, griech. 35): προσπυνθανόμενός τε τὰ τῶν ἱερῶν τιμιώτατα ἀνανεοῦτο, den Sethe mit Letronne übersetzt: „und die geehrtesten unter den Tempeln erfragend (bzw. erkundend), erneuerte er sie". Die ägyptische Version lautet: „indem er nach den Ehren der Tempel fragte, um sie zu erneuern." Letronne nahm gemäß seiner Voraussetzung, daß der griechische Text die Priorität vor dem ägyptischen habe, einen Übersetzungsfehler des Ägypters an, Sethe suchte auf Grund seiner entgegengesetzten Meinung den Übersetzungsfehler auf der griechischen Seite. Ich glaube, beide haben in diesem Falle Unrecht, und es besteht in Wahrheit gar kein Widerspruch zwischen den beiden Fassungen, wenn man den griechischen Text übersetzt: „nach vorheriger Erkundigung erneuerte er die höchsten Ehren der Tempel." Ich sehe also in τιμιώτατα die Steigerung des Begriffes τίμια, der in der Rosettana gr. 33 für „Ehren" gebraucht wird.[2]) Diese Auffassung erhält nun, wie ich glaube, eine schlagende Bestätigung durch die richtige Ergänzung von 36: ἔδοξεν τοῖς ἱερεῦσι . . . . . . τὰ ὑπάρχοντα τ[ιμιώτατα] τῷ . . . Πτολεμαίῳ . . . . ἐπαύξειν. Seit Heyne „quem editores omnes secuti sunt" (Dittenberger)

---

[1]) ἀρχὴν ἄρχειν, πομπὴν πέμπειν, für die relativ. Konstruktion vgl. etwa Plato: Phaed. 60[b] περὶ γάρ τοι τῶν ποιημάτων ὧν πεποίηκας.

[2]) Ich möchte auch darauf hinweisen, daß unser Text die „geehrtesten Tempel" sonst als τὰ πρῶτα ἱερά „Tempel erster Ordnung" bezeichnet.

hat man τ[ίμια πάντα] ergänzt. Diese Ergänzung wird aber durch die ägyptischen Texte sehr unwahrscheinlich, die in beiden Fassungen das „alle“ vermissen lassen. Da scheint mir die Ergänzung τιμιώτατα im Hinblick auf Z. 35 sehr naheliegend zu sein. Sie würde auch die Bedeutung „die höchsten Ehren“ ergeben, die den griechischen und ägyptischen Text in vollen Einklang bringt, was doch wohl die einfachste Lösung darstellt und nicht zu einer Unstimmigkeit der Versionen führt. Aber auch wenn man meine Übersetzung ablehnt, so wird man mindestens zugeben müssen, daß sich aus einer in jedem Falle problematischen Textdivergenz kein sicherer Schluß ziehen läßt.

Wenn sich somit eine formale Beeinflussung des griechischen Textes durch den ägyptischen Entwurf nicht erweisen läßt, so tritt das umgekehrte Verhältnis, die Beeinflussung der ägyptischen Textrezension durch die griechische überall deutlich zutage. Ich sehe dabei wieder von dem Protokollpräskript mit der Angabe der Eponymenpriester ab, das nach Plaumanns[1]) überzeugendem Nachweis aus dem Griechischen übersetzt ist, weil es die oben bezeichnete Sonderstellung einnimmt. Und ebensowenig berufe ich mich auf das in den demotischen Text übernommene sntgsi = σύνταξις (dem. 8), weil dieses Wort auch sonst als Lehnwort in demotischen Urkunden auftritt. Aber die folgenden Erscheinungen reden eine eindeutige klare Sprache.

1. Die langen Periodenbildungen mit ἐπειδή (Urk. II 173) und καὶ ἐπεί (ib. 194)[2]), die im griechischen Kanzleistil ebenso üblich wie im ägyptischen unbekannt sind. So fühlt man denn auch deutlich, wie der Ägypter die größte Mühe gehabt hat, diese Konstruktionen nachzubilden.

2. Die Konstruktion (Urk. II 177[1]) des demotischen „er befahl auch wegen der Priester, daß sie nicht geben sollten“ ist zweifellos eine Übersetzung von προσέταξεν δὲ καὶ περὶ τῶν ἱερέων, ὅπως μηθὲν διδῶσιν. Gut ägyptisch würde man sagen: „er befahl den Priestern, daß sie nicht geben sollten“, wie sich auch der hiero-

[1]) Äg. Zeitschrift 50 (1912) S. 19ff.

[2]) Beachte den im Demotischen genau nachgebildeten Infinitiv ἄγειν, der ohne die griechische Vorlage kaum zu verstehen wäre. Der hieroglyphische Text hat durch eine freie Übersetzung dem Infinitiv den klaren Sinn der Aufforderung gegeben.

glyphische Text ausdrückt, der hier seine Unabhängigkeit der demotischen Rezension gegenüber erweist.

3. Diese unägyptische Konstruktion von ḥn = f-s (r) dbꜣ „er befahl (es) wegen" ist auch da beibehalten worden, wo der griechische Text sie nicht enthielt, in Urk. II 176[3]ff., aber diese Stelle lehrt andererseits, wie der Ägypter dem griechischen Text Zug um Zug gefolgt ist bis zu dem ganz an das Ende geworfenen Äquivalent von *μένειν ἐπὶ χώρας*. Ohne die griechische Vorlage wäre der ägyptische Text in beiden Rezensionen kaum zu verstehen.

4. Die Priorität des griechischen Textes scheint mir auch der Vergleich des parenthetisch eingeschobenen Relativsatzes (Urk. II 194[4—5]) mit der ägyptischen Version zu erweisen. Der Relativsatz *αἳ δὴ πολλῶν ἀγαθῶν ἀρχηγοὶ πᾶσίν εἰσιν* bezieht sich auf zwei Festtage (*ἡμέραι*), den Geburtstag und den Krönungstag des Königs. Die durch ein Relativpronomen ausgedrückte kurze Rückbeziehung auf die zwei durch Zwischensätze getrennten Beziehungswörter wäre ägyptisch ganz unklar geworden, daher half man sich so, daß man den Relativsatz selbständig machte und die beiden Beziehungswörter wiederholte: „der Anfang der Wohltaten, welche allen Menschen zuteil wurden, (war) die Geburt des ewig lebenden Königs und seine Übernahme der Herrschaft".[1]) Diese ersichtlich auf Deutlichkeit eingestellte schwerfällige Konstruktion verleugnet ihren Ursprung, d. h. die Übersetzung der griechischen Vorlage nicht.

5. Ganz evident und allgemein anerkannt ist das griechische prius in der Übersetzung von *ἀγαθῇ τύχῃ* durch das ägyptische „mit dem guten Ereignis (Geschick)" (Urk. II 188[1], hierogl. ḥnʿ sḫn nfr: demot. ʾrm pꜣ sḫn nfr).

6. Vergleicht man (Urk. II 185[6]) *τά τ' εἰς τὰς ταφὰς αὐτῶν καθήκοντα διδοὺς δαψιλῶς καὶ ἐνδόξως* mit demot. „indem er das, was man für ihre Bestattung wünschte (brauchte), indem es groß (viel) und geehrt war", hierogl. „er gab alle Dinge, welche man suchte (benötigte), um ihren Leib zu bestatten, indem sie groß (viel) und geehrt waren", so erkennt man wieder deutlich, daß hier der griechische Text ungeschickt nachgebildet worden ist. Namentlich die unglückliche wörtliche, aber wenig sinngemäße

[1]) Wörtlich „das Übernehmen der Herrschaft, welches er tat".

Übersetzung von ἐνδόξως durch „geehrt"[1]) läßt daran keinen Zweifel.

7. Ebenso scheint mir in (II 188) bei γονεῖς = „die, welche ihn erzeugt haben" und πρόγονοι = „die, welche erzeugt haben, die, welche ihn erzeugt haben" die Ursprünglichkeit der griechischen Wörter auf der Hand zu liegen.

8. Wenn Urk. II 181 [5] (ähnl. 186[3]) ägyptischem „viel Silber" griechisches χρημάτων πλῆθος οὐκ ὀλίγον gegenübersteht, so möchte ich auch da eine Übersetzung durch den Ägypter annehmen, der die Litotes nicht kennt.

9. Auch Urk. II 175[3] = 187[3] demot. „zu seiner Zeit des Königs"[2]): hierogl. „in seiner Zeit der Alleinherrschaft" sieht mir stark nach einer schwerfälligen Nachbildung von ἐπὶ τῆς ἑαυτοῦ βασιλείας aus.

10. Wenn griechischen Wörtern eine größere Zahl ägyptischer gegenübersteht, so habe ich die Empfindung, daß das plus auf seiten des Übersetzers liegt und das prius zugunsten des Wortärmeren spricht. So glaube ich, daß Urk. II 181 ult. πρὸς τῇ φυλακῇ αὐτῶν durch „um sie zu schützen und zu sichern" übersetzt ist, nicht umgekehrt, und daß es ebenso liegt, wenn der Ägypter für ὑγίειαν νίκην κράτος fünf ähnliche Wörter einsetzt. Ich habe wenigstens den Eindruck, daß der Übersetzer keine genau entsprechenden Wörter kennt und deshalb ein paar sinnverwandte Vokabeln mehr hinzufügt.

Diese Beispiele, unter denen das eine oder andere (vor allem 8—10) auch anders beurteilt werden kann, lassen sich gewiß noch vermehren, aber sie genügen für den Nachweis, daß der griechische Text dem ägyptischen zugrunde lag. Demnach ist der bisher ermittelte Befund so, daß beide Rezensionen, die griechische wie die ägyptische, voneinander abhängig sind, doch mit dem Unterschied, daß der ägyptische Text den griechischen inhaltlich, der letztere den ersteren formal beeinflußt hat. Doch darf man sich diese Abhängigkeit nicht zu stark vorstellen. Nirgends ist von peinlich genauer

---

[1]) šꜥš (aus sꜥšꜣ) heißt wohl ursprünglich „vermehren", steht aber in der Rosettana wie Kanopus, mit einer einzigen Ausnahme = αὐξάνειν (Kan. 3: 10/1), stets τιμᾶν gegenüber. Siehe mein Glossar zu den Dekreten Nr. 354.

[2]) Siehe dazu Sethe a. a. O. S. 306.

Nachbildung die Rede, sondern es handelt sich stets nur um eine freie sinngemäße Übersetzung[1]), ja gelegentlich fehlt auch jede Entsprechung, so Urk. II 183^{3} hierogl. „sie übertraten den Weg seiner Majestät und seines erlauchten Vaters“: demot. „indem sie den Weg des Königs und seines Vaters verließen“: griech. *ἐπαμύνων τῷ πατρὶ καὶ τῇ ἑαυτοῦ βασιλείᾳ.* Aber meist sind die Texte in Fühlung miteinander und unterscheiden sich nicht selten dadurch, daß spezifisch ägyptische Verhältnisse in der ägyptischen Fassung, ich möchte sagen mit mehr Lokalfarbe geschildert sind, z. B. wenn es bei der Bestrafung der Rebellen (Urk. II 183) ägyptisch heißt: „er ließ sie an das Holz schlagen (?)“, d. h. pfählen, während sich der griechische Text mit dem allgemeinen *ἐκόλασε καθηκόντως* begnügt. Das tritt auch bei der ägyptisch und griechisch stark differenzierten Beschreibung des Kapellenschmucks (Urk. II 192 bis 193) zutage. Besonders instruktiv für die Freiheit der Stilisierung ist Urk. II 180 die Schilderung der Belagerung von Lykopolis[2]).

A „Seine Majestät zog gegen [. . . . .
B „Er zog gegen die Stadt Škꜣn,
C *παραγινόμενος δὲ καὶ εἰς τὴν Λύκων πόλιν τὴν ἐν τῷ Βουσιρίτῃ*

A [fehlt]
B die durch die Feinde mit allen (möglichen) Werken befestigt (?) war,
C *ἣ ἦν κατειλημμένη καὶ ὠχυρωμένη πρὸς πολιορκίαν*

A [fehlt]
B indem viele Waffen und alle Ausrüstung in ihrem Innern war.
C *ὅπλων τε παραθέσει δαψιλεστέρᾳ καὶ τῇ ἄλλῃ χορη(γί)ᾳ πάσῃ*

A [fehlt]
B Er umschloß die genannte Stadt mit Mauern und Dämmen an ihrer Außenseite

---

[1]) Daraus ergibt sich die besondere Schwierigkeit für die Feststellung der Priorität der einen oder anderen Rezension.

[2]) A = hierogl. Text; B = demot. Text; C = griech. Text.

C[1]) *καὶ ἀντικαθίσας χώμασίν τε καὶ τάφροις καὶ τείχεσιν αὐτὴν ἀξιολόγοις περιέλαβεν*

A [. . , ...] die Feinde, welche in ihr waren,
B wegen der Feinde, welche in ihrem Inneren[2]) waren,
C *ὡς ἂν ἐκ πολλοῦ χ(ρ)όνου συνεστηκυίας τῆς ἀλλοτριότητος τοῖς ἐπισυναχθεῖσιν εἰς αὐτὴν ἀσεβέσιν*

A weil sie viel Unheil (?) in Ägypten getan hatten.
B die viel Unrecht gegen Ägypten getan hatten.
C *οἳ ἦσαν εἴς τε τὰ ἱερὰ καὶ τοὺς ἐν Αἰγύπτῳ κατοικοῦντας πολλὰ κακὰ συντετελεσμένοι*

A Sie hatten den von Seiner Majestät geliebten Weg und den Plan der Götter verlassen.
B indem sie den Weg des Willens (Befehls) des Königs und den Willen [der] Götter verließen.
C [fehlt]

A Er dämmte alle Kanäle ab, welche in diese Stadt flossen.
B Er ließ die Kanäle abdämmen, welche in die genannte Stadt Wasser leiteten.
C *ἐκ πολλῶν τόπων ὀχυρώσας τὰ στόματα τῶν ποταμῶν*

A Nichts Gleiches wurde durch die früheren Könige getan.
B Nicht konnten die früheren Könige es ebenso machen.
C [fehlt]

Dabei ist von wörtlicher Übersetzung keine Rede. Zwei Sätze fehlen in dem griechischen Texte, und zwar bezeichnenderweise solche, die eine königstreue Gesinnung offenbaren sollten. Der ägyptische Priester streute, vielleicht auf Anregung des Griechen, devote Schmeichelreden ein, was der griechische Text nicht für nötig befand.[3])

---

[1]) Der griechische Satz steht hinter den beiden folgenden, hinter *συντετελεσμένοι*.

[2]) Beachte, daß der Gegensatz von „an ihrer Außenseite" und „in ihrem Inneren" in dem griechischen Texte nicht hervortritt.

[3]) An einer anderen Stelle (Urk. II 185[4]) *πολὺ κρεῖσσον τῶν πρὸ αὐτοῦ βασιλέων* hat auch der Grieche ebenso wie der Ägypter diesen Gedanken ausgedrückt.

Nun aber die Kernfrage! Wie ist dieser Zwiespalt der Redaktion zu erklären, wie läßt es sich verstehen, daß sich bald der ägyptische, bald der griechische Text als primär erweist, daß beide voneinander beeinflußt erscheinen? Kurz gesagt, nur durch ein Zusammenarbeiten der beiden Redaktoren, von denen der eine ein Ägypter, der andere ein Grieche war, die beide ihre Muttersprache vollkommen beherrschten. Will man sich diese Zusammenarbeit im einzelnen klarmachen, so muß man von dem obigen Befunde ausgehen, daß der Inhalt unsprünglich ägyptisch, die Form griechisch war, und da ergibt sich denn, wie ich glaube, folgendes Bild für die Genesis der Rosettana.

In den Kreisen der ägyptischen Priesterschaft von Memphis war — schwerlich ganz spontan, sondern unter dem Einfluß der griechischen Hofkreise — der Gedanke aufgetaucht, dem König Ptol. Epiphanes für die Ägypten, insonderheit den Tempeln, erwiesenen Wohltaten besondere Ehrungen zuzuerkennen und diese auf einem Denkstein in Form eines Ehrendekretes zu verewigen. Nach vorheriger Fühlung mit dem Hofe, d. h. nach Zustimmung des Königs, wird ein Priester oder eine besondere Kommission den Text zunächst ägyptisch, natürlich in der Volkssprache (demotisch), entworfen haben. Dieser erste Entwurf war die Richtschnur für den griechischen Text, der danach von einem griechischen Beamten abgefaßt wurde, damit die griechischen Kreise, — der König und der Hof sowie die griechische schriftkundige Bevölkerung — den Inhalt verstehen könnten. Die auf Grund des demotischen Entwurfes von dem griechischen Redaktor vielleicht in Verbindung mit dem ägyptischen Priester hergestellte griechische Fassung wurde nun ihrerseits der maßgebende endgültige Text, nach dem die beiden ägyptischen, jetzt vorliegenden Versionen, die hieroglyphische und die demotische, abgefaßt wurden.

Diese ägyptische Übersetzung schließt sich überall dem Gedankengang des griechischen Textes an und behält meist[1]) auch die Satzfolge bei, steht aber stilistisch dem griechischen Grundtext in der Regel so frei gegenüber, daß man wohl annehmen darf, daß vielfach der Wortlaut des ersten ägyptischen Entwurfes beibehalten worden ist, namentlich in den Stellen, die ägyptische

[1]) Ausnahme z. B. S. 11 Anm. 1.

Institutionen betreffen. Der hieroglyphische Text stimmt meist mit dem demotischen überein, doch redet er seine eigene archaische feierliche Kirchensprache. Er gebraucht z. B. nicht den Vulgärartikel und spricht nicht wie der demotische Text von dem „König" (Pr-ꜥꜣ = Pharao), sondern von „Seiner Majestät", und seine Phraseologie[1]) ist die der klassischen Literatursprache, die er ausgezeichnet beherrscht. Die Eigentümlichkeit, daß er gelegentlich neuägyptischen Bildungen (Nominalpräfix md·t in md·t-pḥtj „Ehre" und md·t nb wꜥ [Urk. II 175^{3}. 187^{3}] „Alleinherrschaft") und Tempora (mtw = optat. ꜣmj ꜣr·tw [Urk. II 194^{6}]) gebraucht, teilt er mit anderen ptolemäischen Texten.[2]) Nur dreimal geht er auch inhaltlich seine eigenen Wege, indem er Urk. II 186^{5} einen Zusatz enthält, der demotisch und griechisch fehlt.[3])

Die Priorität des demotischen vor dem hieroglyphischen Texte hat Sethe (a. a. O. S. 299) erwiesen, vor allem durch die schon oben (S. 5) besprochene Stelle, in der ein in der Volkssprache erklärter ägyptischer Ausdruck in den hieroglyphischen Text übernommen worden ist. Wenn dieser heute an erster Stelle steht, wie es auch die Anweisung am Schluß des Dekretes verlangt, so ist das nur eine Verbeugung vor dem Alter dieser „heiligen" Schrift und vor dem ägyptischen Klerus, der die von ihm beschlossene Ehrung auf seinem heiligen Boden bekannt machte. Das zeitliche Verhältnis der drei Fassungen und ihre Abhängigkeit voneinander ist also genau das Gegenteil von dem, was sich heute dem Auge darstellt.

Der Grundtext der jetzt vorliegenden ägyptischen Fassung war griechisch, darin behält Letronne recht, wenn dieser Grundtext auch auf dem ersten ägyptischen (demotischen) Entwurf fußte. Dann wurde die demotische Übersetzung (also in gewissem Sinne die zweite Auflage des ersten ägyptischen Entwurfes) und darauf

---

[1]) Für seine eigene Ausdrucksweise vgl. S. 7 unter 1. (Anm. 2) und 2.

[2]) Siehe Junker: Sprachliche Verschiedenheiten in den Inschriften von Dendera (Sitzungsber. der Berliner Akad. 1905) § 1—25. In md·t-pḥtj und dem Tempus mtw: könnte man auch eine Beeinflussung durch den demotischen Text sehen, doch nicht in md·t nb wꜥ, oder ꜣmj ꜣr·tw, da hier die demotische Lesart eine andere ist.

[3]) Umgekehrt fehlt auch einmal (Urk. II 186 ult.) der hieroglyphische Text.

die hieroglyphische hergestellt, die sich stark an die demotische Fassung hielt, aber gewiß auch die griechische benutzte[1]).

Wie steht es nun mit dem 42 Jahre vorher erlassenen Dekret von Kanopus aus dem neunten Jahre des Ptol. Euergetes I. (238/7)? Revillout (und ihm folgend Bouché Leclercq)[2]) hatte im Gegensatz zu der Rosettana, deren Grundtext er für ägyptisch hielt, dem griechischen Text die Priorität zugesprochen und daraus allerhand Schlüsse auf die Minderung oder Stärkung der nationalen Bewegung in Ägypten gezogen. Ich glaube, daß die Abfassung des Dekretes von Kanopus nicht anders vor sich gegangen ist als die der Rosettana, was ja nach seinem Inhalt gar nicht anders zu erwarten ist. Die priesterliche Ehrung des Königs konnte doch nur von der ägyptischen Priesterschaft ausgehen, die die erste Redaktion des Textes besorgte. Nur sie konnten die Apotheose der verstorbenen Prinzessin Berenike und den für sie eingerichteten Kult in allen Einzelheiten sachgemäß schildern. Der von ihnen besorgte erste Entwurf hat dann, ähnlich wie bei der Rosettana, zu dem griechischen Grundtext geführt, nach welchem die beiden ägyptischen Versionen, zuerst die demotische, dann die hieroglyphische abgefaßt worden sind. Und doch verhalten sich diese Versionen zueinander etwas anders als die der Rosettana. Einmal ist der griechische Kanopustext in den spezifisch ägyptischen Schilderungen, z. B. der Schilderung der Krone (Urk. II 148), ausführlicher und klarer als die Rosettana, er ist im Unterschied von dem letzteren so gehalten, daß er auch ohne die ägyptische Lesart zu verstehen ist. Diese letztere aber schließt sich an den

---

1) So entspricht Urk. II 178^{1} die hierogl. Wortstellung genau der griechischen, nicht der demotischen, 184^{5} gibt das hierogl. ʿḥʿn ⟨=f⟩ w3j das griechische ἀπέλυσεν wieder, während der demotische Text sich ganz anders ausdrückt. In 177^{8} ist das griechische καί hieroglyphisch durch js ausgedrückt, während es im Demotischen fehlt, in 179^{5} ist das μένειν in dem hierogl. Text übersetzt, im Demotischen frei wiedergegeben. 197^{5} fehlt im Demotischen „monatlich" was im Hieroglyphischen und wohl auch in dem zerstörten griechischen Texte dastand [doch wäre auch eine Auslassung des Steinmetzen denkbar]. In 194^{6} hat der hierogl. Text den etwas unklaren griech. Infinitiv ἄγειν sinngemäßer wiedergegeben als der demotische. Andere solche Stellen sind 177^{1} [siehe S. 7], 185^{3}, 188^{3}, wo umgekehrt der demotische Text dem griechischen genauer entspricht als der hieroglyphische.

2) Hist. des Lagides I S. 368 Anm. 1. Vgl. auch S. 266 Anm. 2.

griechischen Grundtext viel enger an als die Rosettana. Ja, es finden sich in jener mehrfach allzu wörtliche Übersetzungen, die zu unägyptischen Wendungen und Konstruktionen geführt haben, was man dieser, mit der einen Ausnahme von 'rm pꜣ sḫn nfr = ἀγαθῇ τύχῃ (S. 8), nicht nachsagen kann.

Diese Wendung findet sich auch Kanopus (Urk. II 134a = dem. A 7: B 26), wo dem griechischen *ἐπεὶ καὶ σὺν τῇ ἀγαθῇ τύχῃ συμβέβηκεν*, hierogl. „weil das gute Ereignis (Geschick) mit Heil und Gesundheit geschah", demot. „weil es geschah, daß es ein gutes Ereignis (Geschick) war mit dem Guten und Heil" gegenüberstehen. Ferner übersetzt der Ägypter ersichtlich (II 129[1] = B 12) *ἀνασώζειν* durch nḥm „nehmen" und 'n „bringen", wie seine umständliche Wiedergabe (Urk. II 128[12] = dem. A 3 : B 12) von *ἐξστρατεύσας* durch „gegen die auswärtigen Gebiete ziehen" (demot.): „gegen die Asiatenländer ziehen" (hierogl.) die Abhängigkeit von dem griechischen Texte erweist.

Besonders klar liegt die Übersetzung durch den Ägypter in der Nachbildung der griechischen Konstruktion von *οὐ μόνον ἀλλὰ καί* zutage, die dem Demotiker[1]) (A 14 : B 49) geglückt ist, während der hieroglyphische Text (II 143[12]) zu einer Konstruktion gegriffen hat, die offensichtlich gequält und unklar ist.

Ich zähle noch eine weitere Auswahl solcher wörtlicher Übersetzungen auf:

a) Urk. II 141[4] ist *συμβέβηκεν γενέσθαι* durch „sich ereignen, zu geschehen" (demot. A 11 : B 42) übersetzt.

b) Einem *ὅπως δε καί* entspricht Urk. II 140[6] (A 11 : B 39) „um zu geben, daß es auch geschieht".

c) Urk. II 127[1] *οἱ συναντήσαντες . . . . εἰς τὴν πέμπτην τοῦ Δίου* ist in beiden ägyptischen Rezensionen (A 2 : B 6) „welche gekommen waren . . . . . . zum 5. Dios" wörtlich übersetzt mit Beibehaltung des griechischen Monatsnamens und der *εἰς* entsprechenden ägyptischen Präposition r statt n „an".

d) Die Wortstellung folgt mehrfach der griechischen, wo der Ägypter ohne die Vorlage gewiß eine bequemere Konstruktion gewählt haben würde, z. B. II 137[10] *τοῖς τε ἄλλοις μεγίστοις*

---

[1]) Sie war nicht ad hoc gebildet, sondern, wie mein Mythusglossar Nr. 149 zeigt, auch sonst in der Literatur bekannt.

θεοῖς συντελοῦνται ἑορταί, wo der demotische Text (A 9 : B 35) genau folgt „die anderen großen Götter, ihnen sollen Feste gefeiert werden", während die hierogl. Fassung die normale Wortstellung bewahrt hat.

e) Manche umständliche Ausdrucksweisen lassen die Nachbildung leicht erkennen, so Urk. II 130—131 *προστάντες κηδεμονικῶς* neben demot. (B 16) „indem sie die Sorge und die Wärme des Herzens machten": hierogl. „und Seine Majestät selbst mit seiner Schwester sorgte sich, indem ihre Herzen brannten" und ähnlich II 145 *καὶ κηδεμονικῶς* hierogl. und demot. (A 15 : B 53) „indem ihr Herz in ihrer Wärme war".

f) Ja auch eine unglücklich geratene Übersetzung glaube ich aufzeigen zu können Urk. II 132[6] ist *οἱ θεοὶ δεδώκασιν αὐτοῖς εὐσταθοῦσαν τὴν βασιλείαν* wiedergegeben durch hierogl. „und die Götter haben gegeben, daß ihr Amt als Herrscher der beiden Länder befestigt werde" und demot. (B 20) „die Götter haben ihnen gegeben, um (sic) ihr Herrscheramt zu befestigen".

Ich denke, diese Beispiele, die im folgenden noch um einige vermehrt werden, erweisen zur Genüge die Priorität des griechischen Textes und seine Übersetzung durch den Ägypter. Dieser Beweis wird aber durch die beiden vorliegenden demotischen Rezensionen (A = Kom el Hisn, B = Tanis) noch erheblich verstärkt, deren Varianten nur bei der Annahme einer griechischen Vorlage zu verstehen sind. Dabei liegt es so, daß meistens B dem griechischen Texte näher steht als A.

B 68 übersetzt *ἀναφέρειν* durch fi r ḥrj „hinauftragen", während A 19 sich ebenso wie die hierogl. Version (II 151[3]) mit fi „tragen" begnügt. — B 39 hat für *τινὰς τῶν ἑορτῶν* hin (n) nꜣ ḥb·w „einige der Feste" gegenüber A 11 hin ḥb·w „einige Feste", hierogl. ḥb·w „Feste" (II 140[10]). — B 19 gibt *εὐεργεσίαν* durch wꜥ mnḫ „eine Wohltat" genauer wieder als das nꜣj=w mnḫ·w „ihre Wohltaten" von A 5, hierogl. mnḫ = sn „ihre Wohltat" (II 132[2]). — Wenn meine Lesung ḏd ḥr-r=s „auf sie singen" richtig ist, so wäre in B 69 das griech. *ᾄδειν εἰς αὐτήν* wörtlich übersetzt,

---

[1]) Sehr merkwürdig ist, daß der auf der linken Seitenfläche des Steines angebrachte demotische Text von Tanis (B) dem auf der Vorderseite befindlichen griechischen Text in den Zeilentrennungen ersichtlich zu folgen sucht und auch nahezu die gleiche Zeilenzahl aufweist.

wo A 19 d̲d n=ss „ihr (Dat.) singen" sagt.[1]) — B 56 hält sich bei der Übersetzung von *ἑορτὴν καὶ περίπλουν* durch ḥb n h̲ni „Fest der Fahrt" ziemlich genau an den griechischen Text, während A 15 nꜣ ḥb·w n h̲ni „die Feste der Fahrt" hat in Übereinstimmung mit der hierogl. Version (II 146^{3}) ḥb·w n h̲nj. — Die Lesart von B 37 „das Verschieben der Aufgänge des Isis-Sterns auf einen anderen Tag" stimmt ebenso wie die hieroglyphische zu dem griech. *τὴν ἐπιτολὴν τοῦ ἄστρου μεταβαίνειν εἰς ἑτέραν ἡμέραν*, während A 10 „das Verschieben der Aufgänge des Sterns um einen Tag" hat. — B 51 „die Altäre" (= hierogl.) steht dem griechischen Texte *τῶν . . . βωμῶν* näher als A 14 „ihre Altäre", während umgekehrt A 17 „ihre Statue" im Unterschied von B 61 „die Statue" [hierogl. sh̲m ntr pn „dieses Gottesbild" (II 148^{5})] zu *τῇ εἰκόνι αὐτῆς* stimmt. — Ebenso scheint in A 14 m-sꜣ nꜣi nꜣ ntj n hp n 'r=w der in B 52 fehlende Artikel nꜣ das griech. *ταῦτα τὰ νόμιμα* nachbilden zu wollen. — Ferner folgt Urk. II 126^{10} *καὶ πτεροφόραι καὶ ἱερογραμματεῖς* A 2 ebenso wie hierogl. II 126^{10} dem griech. Texte genauer als B 5.

Zweimal weicht eine der demotischen Fassungen von allen anderen ab. A 8 sagt für *ἀπὸ τοῦ πρώτου ἔτους* (= hierogl. II 135^{2} „von dem Jahre 1 an", ebenso B 27) „von dem Jahre 2 an".[2]) Andererseits steht B 63 „indem ein Papyrusstengel hinter ihr gebunden ist" (snḥ) allein den anderen Versionen gegenüber, nämlich A 17 „indem ein Papyrusstengel gleicher Größe hinter ihr ist": hierogl. II 148^{11} „indem ein Papyrusstengel in ihrer Höhe hinter dieser Göttin ist" = *ταύτης δ' ὀπίσω σύμμετρον σκῆπτρον παπυροειδές*.

Dieser aus der Vergleichung der beiden demotischen Rezensionen gewonnene Befund zeigt einmal, daß für sie keine feste („kanonische") Form aufgestellt war. Vor allem aber sind die Varianten, wie ich schon oben betonte, nur als Übersetzungen aus dem griechischen Grundtext zu erklären und eine vortreffliche Bestätigung unserer Gesamtauffassung des Verhältnisses des griechischen und ägyptischen Textes.

---

[1]) Hierogl. II 151^{9} „es werde ihrem Ka gesungen".

[2]) Falls nicht einfach ein Schreibfehler vorliegt, könnte A das sog. „Finanzjahr" meinen, das sich von dem Regierungsjahr des Königs um eins entfernt.

Was den hieroglyphischen Text anlangt, so verhält er sich zu dem griechischen Grundtext ganz ähnlich wie wir es für die Rosettana angenommen haben. Wo nicht die in der Regel vorhandene volle Übereinstimmung zwischen der griechischen, hieroglyphischen und demotischen Version besteht, gehen meist die ägyptischen Texte gegenüber dem griechischen zusammen. Aber manchmal steht der hieroglyphische Text den beiden anderen mit einem eigenen Ausdruck gegenüber. So heißt es Urk. II 148^{6} von dem Diadem hierogl. „es soll nicht dem gleichen, das auf den weiblichen Statuen ist", wo die griech. Version *διαφέρουσαν τῆς ἐπιτιθεμένης ταῖς εἰκόσιν* liest, womit die demot. A 17 : B 61 „es soll von dem verschieden sein, mit dem man die weibliche Statue . . . . erscheinen läßt" übereinstimmt. — Ebenso lautet die demotische Lesart A 7 : B 24 „die Ringe, die sie tragen" wie griech. *τοῖς δακτυλίοις οἷς φοροῦσιν*, während der hierogl. Text von „dem Ring an ihrer Hand" spricht. — Statt „der Priester, die in das Allerheiligste gehen" (B 5 : A 2 [zerst.]) = *οἱ εἰς τὸ ἄδυτον εἰσπορευόμενοι* hat der hierogl. Text (II 126^{9}) zwei alte Priestertitel. — Urk. II 132^{2} hat *καταλείποντες ἀθάνατον εὐεργεσίαν* seine genauere Entsprechung im demot. A 5 : B 19 „indem sie ihre (var. eine) Wohltaten auf ewig zurückließen", wo hierogl. „indem sie sie ihre Wohltaten bis in ewige Zeiten kennen ließen". Den Begriff „unsterblich" haben die beiden ägyptischen Versionen nicht genau wiedergeben können. Der Fall, daß der griechische und hierogl. Text gegenüber dem demotischen zusammenstimmen, ist sehr viel seltener[1]) als der vorher besprochene.

Daneben lehren aber nicht wenige Fälle, daß die ägyptischen Texte des Kanopusdekretes dem griechischen Grundtext auch sehr frei gegenüberstehen, genau wie bei der Rosettana. Man braucht dazu nur die Apotheose der Prinzessin Berenike (Urk. II 145ff.) in den drei Rezensionen zu lesen oder die Namen für Syrien, Phoenikien und Cypern (II 131^{7}) in den verschiedenen Versionen zu vergleichen oder Einzelheiten zu betrachten, etwa wie der Demotiker (A 5 : B 17) *οὐκ ὀλίγας δὲ τῶν προσόδων ὑπεριδόντες*

---

[1]) So sicher im Anfang, wo *Αἰγυπτίων δὲ Τυβί* nur in der hierogl. Version „Tybi der Bewohner Ägyptens" erscheint. Dagegen ist A 5 : B 17 = Urk. II 131^{2} nicht unbedingt überzeugend.

durch den Idiotismus „indem sie ihre Sandalen in bezug auf viele Steuern hinter sich warfen" übersetzt, während die hierogl. Version sagt: „indem sie ihren Rücken vielen Steuern zuwandten". Ebenso sind II 153[5] = A 20 : B 73 ἔχειν ἴδιον τύπον und II 136[9] ἀγυειῶν in der hierogl. und demot. Fassung ganz verschieden ausgedrückt.

Kurz, das Verhältnis der Kanopusversionen ist im wesentlichen das gleiche, wie wir es für die Rosettana ermittelt haben, vor allem darin, daß der griechische Text auch hier der Grundtext war, und so trifft die von Letronne für die Rosettana aufgestellte Behauptung auch für Kanopus zu. Aber doch besteht ein kleiner Unterschied zwischen den beiden Dekreten, der sich aus meinen letzten Ausführungen klar ergibt. Die ägyptischen Versionen von Kanopus stehen der griechischen Vorlage näher als die der Rosettana. Das hat bereits Revillout[1]) instinktiv richtig gefühlt, wenn er auch diese übrigens nicht näher begründete Ansicht dahin übertrieben hat, daß er glaubte, das erstere Dekret aus der Zeit des Euergetes I. sei ursprünglich griechisch, das zweite aus der Zeit des Epiphanes ägyptisch abgefaßt gewesen. Davon kann nach den obigen Darlegungen keine Rede sein, und ebenso verfehlt würde es sein, den Unterschied aus dem Zeitgeist erklären zu wollen. Revillout brachte den von ihm im Gegensatz zu Kanopus aufgenommenen ägyptischen Grundcharakter der Rosettana mit der unter Ptol. Epiphanes gesteigerten ägyptischen Nationalbewegung zusammen. Aber so stark sind, wie wir sahen, die Unterschiede zwischen den beiden Dekreten nicht, und gerade in der Rosettana begegnen uns, und zwar nur in dem ägyptischen Texte, Loyalitätsphrasen (vgl. oben S. 11), die das Gegenteil von nationaler Gesinnung verraten würden, wenn man sie in dieser Hinsicht auswerten wollte. Nein, die Erklärung dafür, daß der ägyptische Text in Kanopus der griechischen Vorlage näher steht als in Rosette, ist doch wohl sehr viel einfacher und nicht anders als sonst bei dem gleichen Problem, sie liegt nicht in den Zeiten, sondern in den Menschen, d. h. in den Personen der Übersetzer, von denen der eine freier übertragen hat als der andere.

---

[1]) Chrestomathie demotique: Introduction S. XCff.

Abgesehen von diesem Unterschied, der eigentlich nur eine Nuance der Übersetzung betrifft, ist das Verhältnis zwischen dem ägyptischen und griechischen Texte in beiden Dekreten — und wohl in allen von ägyptischen Priesterschaften zu Ehren der griechischen Herren oder von diesen zugunsten eines ägyptischen Tempels erlassenen Beschlüssen[1]) — das gleiche. Um noch einmal kurz die Genesis dieser zweisprachigen, dreischriftigen[2]) Dekrete zusammenzufassen. Der erste Entwurf war ägyptisch oder, genauer gesagt, demotisch (Volkssprache), danach wurde vermutlich in persönlicher Zusammenarbeit der ägyptischen und griechischen Beamten der maßgebende offizielle griechische Grundtext hergestellt, auf dem der jetzt vorliegende ägyptische in der hieroglyphischen wie demotischen Rezension beruht. Unter diesen wurde zuerst die demotische verfaßt und danach hat ein Kenner der klassischen Sprache, einer von den „Schreibern des Lebenshauses" (*ἱερογραμματεῖς*), den hieroglyphischen Text entworfen, der sich wohl in der Hauptsache an die demotische Fassung hielt, aber auch den griechischen Text selbständig übersetzte und sich auch einmal[3]) in Kleinigkeiten von beiden emanzipierte.

Bei der Abfassung des griechischen Grundtextes denke ich mir das Zusammenarbeiten der beiden Redaktoren oder der Kommissionen etwa wie bei der Ausarbeitung eines lateinischen Ehrendiploms durch eine Universitätsfakultät. Diese oder ein von ihr gewählter Ausschuß einigt sich zunächst über den Inhalt, der deutsch zu Papier gebracht wird, und überläßt dem klassischen Philologen die endgültige lateinische Stilisierung. Wird dann ein solches Diplom (z. B. in der Presse) bekanntgegeben, so läßt man die deutsche Übersetzung dem lateinischen Texte folgen, obwohl das zeitliche Verhältnis gerade umgekehrt war.[4])

---

[1]) So z. B. auch in der zweisprachigen Asylrechtsverleihung an den Tempel von Athribis durch Ptol. XI Alexander II (Stele Kairo 31089). Vgl. meine Ausführungen im Musée Egyptien II S. 25.

[2]) „Dreisprachig" kann man nur in dem Sinne sagen, daß man innerhalb der ägyptischen Übersetzung klassische (Hieroglyphen) und Volkssprache (demotisch) unterscheidet.

[3]) Siehe oben S. 13.

[4]) Richtig wäre die Folge in dem Erlaß der Priester des Amonrasonther aus Theben (42 v. Chr.) angegeben [Dittenberger: Or. gr. inscr. Nr. 194 S. 279] *τὸ δὲ ψήφισμα ἀναγράψαι ἐπὶ στήλην λιθίνην τοῖς τε [Ἑλ]λη-*

Wer sich von dem Verlauf und der Art der Redaktion ein Bild machen will, der mag es sich so entwickeln. An der Hand seines ersten Entwurfes diktierte der Ägypter dem griechischen Übersetzer (der natürlich ägyptisch verstehen mußte, wie umgekehrt der Ägypter griechisch)[1]) den Inhalt des Ehrendekretes. Nach diesem Entwurf, der nur den ungefähren Gedankengang, aber noch keine endgültige Fassung (Stilisierung) enthielt, setzte der Grieche den griechischen definitiven Text[2]) auf, der äußerlich ganz wie die sonstigen griechischen Dekrete stilisiert wurde mit all den langen Perioden, deren Übersetzung später dem Ägypter recht unbequem sein mußte. Diese erfolgte später, und zwar, wie bereits auseinandergesetzt wurde, zuerst demotisch, dann hieroglyphisch.

So bin ich denn in allem Wesentlichen auch für das Dekret von Kanopus zu demselben Ergebnis wie meine Vorgänger Kurt Sethe und W. Max Müller gelangt, deren Ansicht ich im Eingang abgedruckt habe, einem Ergebnis, das in der Hauptsache, der Annahme eines primären griechischen Textes, zu Letronne zurückkehrt. Die ägyptischen Texte erweisen sich aber auch aus einem anderen Grunde als sekundär. Wir besitzen einen aus der Zeit des Ptol. Philadelphus datierten Denkstein, der zwar kein Dekret ist, aber doch einem solchen sehr ähnlich sieht, die sog. Pithomstele[3]), die nur hieroglyphisch vorliegt und zweifellos original ägyptisch ist. Inhaltlich unterscheidet sich dieser Denkstein von den Erlassen dadurch, daß er nur von den Taten des Königs berichtet, aber nicht von den ihm durch die Priesterschaft des Tempels erwiesenen Ehrungen. Vergleicht man die Pithomstele mit den Dekreten von Kanopus, Rosette oder Athribis, so stellt man ohne weiteres den großen stilistischen Unterschied fest, dort

---

νικοῖς καὶ ἐγ[χ]ω[ρί]οις [γρά]μμα[σ]ι. Aber tatsächlich steht, wie ich mich an dem Original überzeugt habe [übrigens in Übereinstimmung mit Letronne (Recueil S. 329)], der demotische Text an erster Stelle, ein Beweis, wie wenig Wert diese Angaben für unsere Frage besitzen.

[1]) Zu den Sprachkenntnissen der damaligen Ägypter und Griechen vgl. Wilcken, Grundzüge II S. 74 zu Nr. 50.

[2]) Eine sehr scharfe Revision scheint nicht erfolgt zu sein. So hat man die unrichtige Wiedergabe von P3-Rʿ (Urk. II 182[5]) durch *Ἑρμῆς* statt *Ἥλιος* durchgehen lassen.

[3]) Zuletzt veröffentlicht von Sethe: Urk. II S. 81 ff. (Nr. 20).

einfaches ägyptisches Satzgefüge ohne lange Perioden, hier nicht selten längere komplizierte, offensichtlich unter griechischem Einfluß zustande gekommene Satzkonstruktionen. Der Fremdcharakter der Dekrete liegt aber auch in einer Einzelheit zutage, die Letronne[1]) gewiß richtig empfunden hat und die ich auch heute noch für besonders beweiskräftig halte, weshalb ich sie als letzte Bestätigung des oben gewonnenen Hauptresultates an das Ende dieses Aufsatzes setze. Wenn die beiden Dekrete mit der griechischen Datierung beginnen und die ägyptischen entsprechenden Monate an zweiter Stelle nicht nur in dem griechischen, sondern auch in den ägyptischen Texten als Monate „der Ägypter" bezeichnen, so wäre has schlechterdings bei einem orginal ägyptischen Dekret unverständlich. Man würde da in der Tat, wie Letronne bemerkt hat, z. B. in der Rosettana nicht *μηνὸς Ξανδικοῦ τετράδι Αἰγυπτίων δὲ Μεχεὶρ ὀκτωκαιδεκάτῃ*, sondern *μηνὸς Μεχεὶρ ὀκτωκαιδεκάτῃ Ἑλλήνων δὲ Ξανδικοῦ τετράδι* erwarten.[2])

Um noch einmal das Hauptergebnis dieser Abhandlung zusammenzufassen. Ich glaube, daß man für alle bisher bekannten griechisch-ägyptischen Erlasse den griechischen Text als Grundtext zu betrachten hat, der nach einem ersten ägyptischen Entwurf verfaßt wurde. Dieser hat den Inhalt, nicht die Textgestaltung der griechischen Version beeinflußt. Nur der Stoff war ägyptisch, der Zuschnitt dagegen griechisch oder, wenn man ein anderes Bild gelten lassen will, in der griechischen Schale steckte ein ägyptischer Kern.

---

[1]) Recueil de inscr. I S. 262. — Sethes Widerspruch dagegen (Nachr. 311—312) kann ich mich nicht anschließen.

[2]) Der Fall Urk. II 190[2], wo es von der Statuengruppe heißt: „die gemacht ist nach Ägypter Arbeit" (demot.): in Arbeit der Bildhauer Ägyptens" (hierogl.) = *ἃ ἔσται κατεσκευασμέν[α κατὰ τὸν Αἰγυπτίων] τρόπον* (nach meiner auf Grund des demotischen Textes vorgenommenen Ergänzung) liegt nicht ganz so klar. Der Ausdruck „ägyptischer Stil" ist zwar in einem ägyptischen Texte denkbar, aber doch in einem ursprünglich griechischen besser zu verstehen.

FSC
www.fsc.org
MIX
Papier | Fördert
gute Waldnutzung
FSC® C083411

Kolibri 360 GmbH
Ferdinand-Jühlke-Straße 7
99095 Erfurt, Deutschland
produktsicherheit@kolibri360.de